ぴかぴか 卒園＆入園 もくじ

卒園の日に 気持ちを伝える
スピーチ文例 …… P.4

入園の日に こころが落ち着く
スピーチ文例 …… P.28

飾ろう！

おめでとう！を伝える
室内デコレーション

どん帳飾り … P.6

会場飾り … P.10

保育室の壁面 卒園 … P.14

入園 … P.16

作ろう!

思い出に残る
プレゼントのアイデア

メダル ··· P.18
カード ··· P.20
プログラム ··· P.22
記念グッズ ··· P.24
アクセサリー ··· P.26

楽しもう!

園は楽しいところ!を
伝えるストーリー

シアター P.30
ペープサート
にこにこ園へようこそ

コピー用型紙集 ··· P.35

卒園の日に気持ちを伝えるスピーチ文例

帝釈天附属ルンビニー幼稚園園長
早崎淳子

卒園児へ

子どもたちとの思い出話はたくさんあると思いますが、あまりたくさん並べすぎると、かえって記憶に残りにくくなってしまいます。伝えたいことを絞って、コンパクトに話すよう心がけましょう。

🌸 こんなことを伝えよう！

いつまでも大好きな気持ち

> 小学校へ行ってお友達ができたら、いっしょに園に遊びに来てください。いつでも待っています。

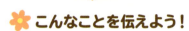

将来への前向きなメッセージ

> きょうはみんなにとってうれしい日かな？ 少し寂しい日かな？ でも、小学校を楽しみに思う気持ちが一番大きいのではないかな。

保護者への感謝の気持ち

> 卒園式を元気に迎えられたのは、大切に見守ってくださったおうちの人のおかげです。「ありがとう」の気持ちを伝えましょう。

スピーチ例

　○○組のみなさん、卒園おめでとうございます。みんなの姿は、もう1年生になったみたいで立派です。

　先生はみんなが大好きです。泣いているお友達の涙をふいてあげる優しさ。力を合わせてがんばろうと最後まで諦めない気持ち。うれしいときに大声で笑う明るさ。「友達っていいな」ということを、みんなが教えてくれました。

　小学校へ行ってお友達ができたら、いっしょに園に遊びに来てください。きょうの卒園式は「さようなら」ではなく、「元気でね、また会おう」の約束にしたいと思います。みんなと出会えたことが先生の一番の宝物です。ありがとうございました。

保護者へ

園生活は、保護者の協力なしにはありえません。その感謝の気持ちをしっかり伝えましょう。保護者の方々からいただいた言葉を思い返し、スピーチの内容に盛り込めば、気持ちのこもったあいさつになります。

こんなことを伝えよう！

入園当初の様子と成長した今の姿

入園当時にくらべると、きょう卒園証書を受け取った子どもたちの返事や表情は、本当に立派なものでした。

協力や理解に対する感謝の気持ち

あたたかいお言葉とご支援をいただきましたこと、心より御礼申し上げます。お子さまの成長を語り合い、ともに喜び合うひとときは、とても幸せな時間でした。

これからも園に来てほしい気持ち

卒園されても、「ただいま」という気持ちで遊びにいらしてください。お待ちしております。

スピーチ例

　本日は、お子さまのご卒園、おめでとうございます。入園当初、あんなに幼かった子どもたちが、きょうは本当に立派な姿でした。成長をうれしく思います。

　明日から会えないと思うと、とても寂しいです。子どもたちにはたくさんの元気と、かけがえのない思い出をもらいました。そして皆さまには、あたたかく見守っていただきました。いただいたお言葉は、勇気と心の支えとなりました。心から御礼申し上げます。

　卒園されても、お子さんの成長の姿や様子をぜひお知らせください。子どもたち、皆さまとお会いできましたことを、心より感謝しています。ありがとうございました。

飾ろう！ どん帳飾り

卒園

未来へジャンプ！みんなおめでとう！

案／YUU
製作／浦田利江

【材料】色画用紙、画用紙、厚紙、カラー工作用紙、フェルト、モール、リボン、お花紙、発泡スチロール板（台紙用）

型紙 P.36

point
リボンと金色のカラー工作用紙で、スペシャルな雰囲気に！

友達が飛行機で
お出迎え

 みんな入園おめでとう！

案・製作／イシグロフミカ

【材料】色画用紙、画用紙、厚紙、キラキラした折り紙、
綿ロープ、発泡スチロール板（台紙用）

型紙
P.36
〜37

風船のひもに綿ロープを
使うと、本物みたいに

ちょうネクタイ、飛行機のリボン、
翼は、ちょっと浮かせて立体的に

卒園 風船に乗って大空へ

案／菊地清美　製作／おおしだいちこ

【材料】色画用紙、画用紙、お花紙、綿ロープ、丸シール、ビニールテープ

型紙 P.37

未来へ向かってさあ行こう！

風船の柄は、大きめの丸シールやビニールテープで

かごに、お花紙の花を貼って立体的に！

飾ろう！会場飾り

入口飾り

卒園 入園

ボリューム満点 キラキラアーチ

案・製作／尾田芳子

【材料】段ボール箱、段ボール板、片段ボール、画用紙、色画用紙、キラキラしたモール、針金、お花紙、不織布、おもし（2ℓのペットボトルなど）

型紙 P.38

ことりさんが 優しくお迎え

10

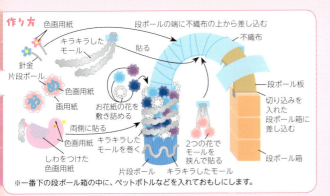

 花かごの入口飾り

案・製作／町田里美

【材料】色画用紙、紙テープ、お花紙、リボン、モール、水を入れたペットボトル、ソフトワイヤー、段ボール板、厚紙

型紙 P.38

フォトスポットにぴったり！

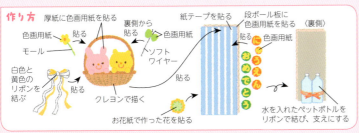

動物やお花でにぎやかに

 ゆらゆら入口飾り

案・製作／町田里美

【材料】色画用紙、画用紙、丸シール、紙テープ、お花紙

型紙 P.38

point お花紙は、2色使いで豪華に。

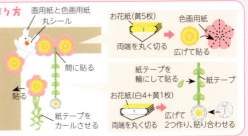

11

舞台・花道飾り

カラフルお花畑！

案・製作／ピンクパールプランニング

【材料】不織布、お花紙、色画用紙、不織布リボン、アルミホイル、ワイヤー、モール

型紙 P.38

作り方

……色画用紙

……不織布リボン

飛びだす小花がキュート

お花とちょうちょのライン飾り

案・製作／山口みつ子

【材料】色画用紙、紙テープ、お花紙、折り紙、モール

型紙 P.38

色あわせがおしゃれ♪

Point

お花紙と同じ色の色画用紙を下に重ねてボリュームアップ

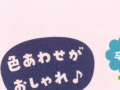

作り方

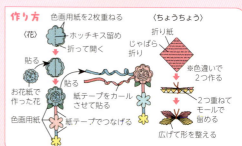

パステルカラーのフラワーハウス

案・製作／ピンクパールプランニング

【材料】牛乳パック、画用紙、色画用紙、リボン、ビーズ、不織布、ストロー、モール、ティッシュペーパー

型紙 P.39

お花があふれる小さなおうち

作り方

牛乳パックを斜めに切る／4つを貼り合わせる／底にティッシュペーパーを詰めて隙間に花を差す／不織布を花びら形に切る／モールを中心で絞りストローに入れる／ストロー／不織布／セロハンテープで留める／リボン／色画用紙を貼る／ビーズを通す

作り方

片段ボールを筒状に／厚紙／貼る／飾りをつけた片段ボールをプランターに巻く／色画用紙／竹ひご／不織布／リボン／セロハンテープで留める／不織布リボン／貼る／色画用紙

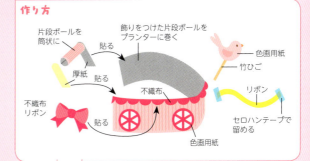

ラブリーな花車にとまったよ♪

ことりがさえずる花車

案・製作／ピンクパールプランニング

【材料】片段ボール、厚紙、不織布リボン、画用紙、色画用紙、リボン、竹ひご、不織布

Point

型紙 P.39

取っ手は、片段ボールを丸めて、立体的に

13

飾ろう！保育室の壁面

 卒園

卒園 七色の虹を越えて未来へ

案・製作／＊すまいるママ＊

【材料】色画用紙、画用紙、糸

型紙 P.39〜40

うさちゃん、おめでとう！

風船の糸は、枝に巻きつけて立体的に

卒園 飛行機で大空へ！

案・製作／さとうゆか
【材料】色画用紙、キラキラした折り紙

型紙 P.41

入園 さくら満開！ 入園おめでとう

案／菊地清美　製作／浦田利江

【材料】色画用紙、画用紙、不織布、包装紙、モール

型紙 P.41〜42

動物たちもお祝いしてる♪

キラキラした
包装紙を使って、
豪華に!

 さくらが咲いたね 入園おめでとう!

案／菊地清美　製作／浦田利江

【材料】色画用紙、画用紙、お花紙、
キラキラした包装紙

型紙
P.42

メダル

写真が入って うれしさアップ

- 首にかけるリボンは、交差させて裏に貼る
- 紙テープ
- 色画用紙
- キラキラしたテープ
- カラー工作用紙

キラキラしたテープに油性ペンで模様をプラス

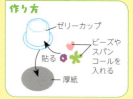

透け感がスペシャル

- リボン
- 画用紙
- 色画用紙
- キラキラしたテープや紙テープを輪にして貼る
- カラー工作用紙

作り方
- ゼリーカップ
- ビーズやスパンコールを入れる
- 貼る
- 厚紙

ピカピカ太陽のメダル

案・製作／すぎやままさこ
【材料】カラー工作用紙、キラキラしたテープ、色画用紙、紙テープ、子どもの写真、リボン

スケルトンフラワーメダル

案・製作／宮地明子
【材料】キラキラしたテープ、紙テープ、カラー工作用紙、画用紙、ゼリーカップ、ビーズ、リボン、厚紙、スパンコール、色画用紙

型紙 P.43

18

入園	くまさんメダル

案・製作／ユカリンゴ

【材料】段ボール、包装紙、フェルト、画用紙、色画用紙、片段ボール、リボン、スパンコール

型紙 P.43

入園	リボン＆ビーズのメダル

案・製作／ユカリンゴ

【材料】片段ボール、色画用紙、画用紙、リボン、ビーズ、ラメペン

19

作ろう！カード

卒園 お花とリボンの おめでとうカード

案・製作／もりあみこ
【材料】色画用紙、割りピン、カラー工作用紙、フェルト、柄入り折り紙、画用紙

型紙 P.43

フェルトのリボンがアクセント

中心を回すとメッセージが！

作り方

- 割りピンを通して留める
- 穴を開け、重ねる
- 色画用紙
- カラー工作用紙
- 貼る
- 裏に貼る
- 色画用紙
- クレヨンで描く
- 色画用紙
- フェルト
- 画用紙に柄入り折り紙を貼る

卒園 レースペーパーの ことりカード

案・製作／メイプル
【材料】色画用紙、画用紙、レースペーパー、リボン、子どもの写真

型紙 P.43

作り方

- 描く（まつ毛）
- 色画用紙
- 色画用紙
- 子どもの写真
- 色画用紙
- 裏返す

- リボン
- 色画用紙
- レースペーパー
- 貼る
- 谷折り

おめかししてキュートに

羽を閉じるとドレスのよう！

白い瞳は画用紙で

ゆりあちゃん

そつえんおめでとう！
おともだちと あそぶのが だいすきだったね。しょうがくせいに なっても げんきで いっぱい おともだちを つくってね。ようこせんせいより

リボン付きくまさんカード 入園

案・製作／つかさみほ

【材料】色画用紙、画用紙、リボン

型紙 P.44

2色のお花カード 入園

案・製作／つかさみほ

【材料】色画用紙、丸シール

型紙 P.44

プログラム

顔を出してキュートに

ごあいさつ
ご卒園おめでとうございます。
日に日に寒さも和らぎ、春の訪れを感じるきょうこの頃。
爽やかな風が子どもたちの旅立ちを祝ってくれているようです。
園では、さまざまな思い出ができたことでしょう。
　一人ひとりが力を発揮した運動会、
みんなでアイデアを出し合い作り上げた発表会…。
たくさんの経験と思い出を胸に、
大きく羽ばたいていってくれることを願っています。

1　卒園児入場	6　お別れの言葉
2　開式の言葉	卒園児一同
3　修了証書授与	7　思い出の歌
4　園長先生のお話	8　閉式の言葉
5　お祝いの言葉	9　卒園児退場
在園児一同	

卒園式
2020年3月12日
ポット園

チューリップの
プログラム

案・製作／さとうゆか

【材料】色画用紙、リボン

型紙
P.44

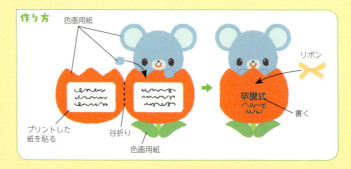

作り方　色画用紙／リボン／卒園式／書く／プリントした紙を貼る／谷折り／色画用紙

うさぎのポップアップ プログラム

案・製作／くまだまり

【材料】色画用紙、リボン、丸シール

型紙 P.45

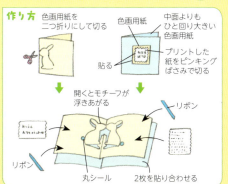

園舎のプログラム

案・製作／たちのけいこ

【材料】色画用紙、画用紙、折り紙、お花紙

型紙 P.45

23

作ろう！記念グッズ

金と銀が華やか！

卒園 マーブル模様の卒園証書入れ

案・製作／すぎやままさこ

【材料】片段ボール、ビニールテープ、カラー工作用紙、金・銀の折り紙、薄めの画用紙、マーブリング用インク、竹ぐし、バット

作り方
- 両面テープ
- 片段ボール（裏）
- 筆にインクを含ませて、水面に触れる
- マーブリング用インク
- 竹ぐしなどで模様を動かす
- バットに水を3cmくらい入れる
- 空気が入らないように薄めの画用紙をつけてから引き上げる
- 巻く
- 乾かす
- ビニールテープを縁に貼る
- 金と銀の折り紙
- 貼る
- 巻いて貼る
- カラー工作用紙を交差させて貼る

底部分

重ねて貼るからとっても丈夫

元気な写真を飾ってね

卒園 いろいろ模様のフォトスタンド

案・製作／すぎやままさこ

【材料】軽量紙粘土、カラー工作用紙、マスキングテープ、段ボール板、跡を付ける物（プラスチック製のフォーク、綿棒、ペンのキャップなど）

アレンジ

リボンを付けて、壁掛けタイプにも

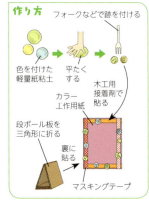

作り方
- 色を付けた軽量紙粘土
- 平たくする
- フォークなどで跡を付ける
- 木工用接着剤で貼る
- カラー工作用紙
- 段ボール板を三角形に折る
- 裏に貼る
- マスキングテープ

卒園 ランドセルの小物入れ

案・製作／やのちひろ

【材料】牛乳パック、カラー工作用紙、リボン、丸シール、柄入り折り紙

型紙 P.44

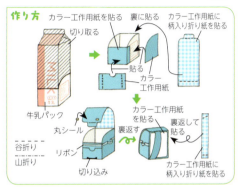

本物そっくり

手のひらサイズ！

お菓子や文具など、好きな物を入れて

卒園 毛糸のおしゃれ時間割り表

案・製作／あかまあきこ

【材料】カラー工作用紙、色画用紙、毛糸、ボタン、ジャンボビーズ、画用紙、リボン

毛糸でふんわりと

point

ちりばめたボタンやビーズがポップな印象に

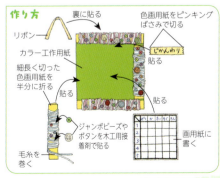

25

アクセサリー

ふんわり咲いた リボンコサージュ
案・製作／くまだまり

【材料】リボン、レースリボン、ボタン、ワイヤー、安全ピン

作り方
- リボン 25mm
- 3つ作って束ねる
- 輪にする
- 中心をワイヤーで縛る
- ワイヤー
- ボタン
- レースリボン
- ねじって安全ピンを留める

光沢のあるリボンで

寒色系がシック

- リボンを裏で交差させて貼る
- キラキラしたテープ
- 不織布
- ジャンボビーズ
- リボン

シックな フラワーネックレス

案・製作／イシグロフミカ

【材料】不織布、キラキラしたテープ、ジャンボビーズ、リボン

 型紙 P.45

卒園 入園

元気いっぱい！ポップなコサージュ

案・製作／長谷川真理子

【材料】不織布、チュール、フェルト、リボン、安全ピン、輪ゴム、厚紙

柄入りチュールで

小さくても華やか

卒園 入園

カラフルフラワーの花束

案・製作／町田里美

【材料】色画用紙、カラー工作用紙、不織布、リボン、紙筒

27

入園の日に こころが落ち着く スピーチ文例

帝釈天附属ルンビニー幼稚園園長
早崎淳子

入園児へ

親子で初めて経験する、貴重な一日です。あたたかく楽しい環境を整え、みんなこの日を待っていたという思いを伝えましょう。

こんなことに配慮しながら

入園する子どもの年齢に合わせた工夫

「お友達の○○ちゃんです。」
と、右の例のようにパペットを使うのもアイデア

「きちんとお座りできてすごいね。少し疲れたかな？ちょっと体を動かそうか。」
と、手遊びなどをする

楽しいと感じる内容を短めに

「明日から、こんなにたくさんのお友達と遊べるよ。」

「△△園には、砂場とか滑り台とか、遊ぶ物がたくさんあります。明日から楽しみに来てください。」

環境設定の工夫
- 保護者と隣の席で安心できるように
- 困ったときにすぐ対応できる保育者間のチームワーク

リラックスできる配慮 〈式を待つ時間を利用して〉
- 日常の子どもの姿を、動画や写真をスクリーンで見せる
- 在園児が同席して、歓迎のメッセージを伝える

スピーチ例 〈パペット人形を使ったあいさつ〉

保育者
「ご入園おめでとうございます。担任の◇◇と言います。みなさんと会えるのを楽しみにしていました。お友達の☆☆ちゃんも、連れてきましたよ」

パペット
「ご入園おめでとうございます。☆☆ちゃんです。○○園に来てくれて、うれしいなあ。○○園のみんなは、朝「おはようございます！」って元気にごあいさつするよ。みんなもできるかな？やってみよう！」

保育者
「わあーすごい！すてきなごあいさつができたね」

パペット
「楽しいこともいっぱいあるよ！ お庭の砂場や滑り台も楽しいし、お部屋でもいっぱい遊べるよ」

保育者
「☆☆ちゃん、○○園のすてきなところをたくさん教えてくれて、ありがとう。明日から元気におはようございますとごあいさつをして、歌をうたったり、遊んだり、楽しいことをたくさん見つけて、みんなと友達になってください」

保護者へ

入園児だけでなく"保護者にとっても入園式"という思いで、どちらも大切な存在であることを伝えます。園の教育・保育方針に共感して入園してくださった感謝も伝えましょう。

こんなことに配慮しながら

祝意と感謝

> 本日は、ご入園、誠におめでとうございます。お子さまの立派な姿をご覧になって、感激もひとしおのことと思います。

わが子のよいところを、ともに育てようという姿勢

> 子どもたちは十人十色。ほかの子と比較するのではなく、わが子のよいところを見ていきましょう。

> 保護者の皆さまといっしょに、子どもたちが成長していく姿を見守ってまいります。

園生活には葛藤もあるが、それが成長の糧になること

> 園生活では、楽しいことばかりではなく、悲しいことやつらいこともありますが、そうした経験が子どもの内面を育てていきます。

スピーチ例

　本日はお子さまのご入園、誠におめでとうございます。園庭の桜が満開となり、親子で迎える入園式は、忘れられない一日となることでしょう。

　教育方針としている健康な心と体、素直な心、充実した楽しい毎日。先ほどスクリーンで見ていただきました子どもたちの姿は、きょうから皆さまのお子さまがその主体者となります。泣いたり、けんかをしたりする経験も、人格形成に必要なものと考えています。心揺さぶる豊かな経験をしながら、一人ひとりの持ち味をいかして、ゆっくり、ともに育てていきましょう。

　保護者の皆さまにも、ご協力いただく場面がたくさん出てくると思います。どうぞ積極的にご参加くださり、ともにお子さまの成長を見守っていただければと思います。

楽しもう！シアター 新入園児

ペープサート にこにこ園へようこそ
入園

園に行くのが不安なねずみくんを待っていたのは…？
登場人物に自分の姿を重ねて楽しめるシアターです。

絵人形イラスト／坂本直子
撮影／林 均
モデル／池田裕子
作り方イラスト／みつき

型紙
P.46
～47

1

お日様にこにこ
いい天気

このシアターに使う物

型紙をコピーした画用紙に色を塗り、山折りに貼り合わせて切る

割り箸を10cmくらいに切って挟み、セロハンテープで留める

ねずみくん（表）　ねずみくん（裏）　わんたくん（表）　わんたくん（裏）

うさちゃん（表）　うさちゃん（裏）　太陽　　園舎

にこにこ園　　　　油粘土

粘土台と油粘土

＊油粘土を、粘土台に3つ、
机に2つ用意しておきます。

太陽を粘土にさし、
ねずみくん（表）を持って登場します。

保育者　お日様にこにこいい天気。
ねずみくんはきょうから、
にこにこ園に入園する
ちっちゃい子です。

ねずみくん　うーん、
お友達できるかなぁ…。

お友達できる
かなぁ…

2

わんたくん(表)を登場させます。
- **保育者** そこへ、大きい子のわんたくんがやって来ました。
- **わんたくん** ねずみくん、きょうからにこにこ園に来るんだってね。待っているよ、バイバーイ！
- **ねずみくん** あ、あの…。

ねずみくんの後ろを通り過ぎるように、わんたくんを動かします。
- **保育者** わんたくんはあっという間に行ってしまいました。ねずみくんはまだまだ不安です。

3

うさちゃん(表)を登場させます。
- **保育者** そこへ、今度は大きい子のうさちゃんがやって来ました。
- **うさちゃん** ねずみくん、こんにちは！きょうからにこにこ園に来るんだってね。待っているね、バイバーイ！
- **ねずみくん** あ、あのう…。

2と同様に、ねずみくんの後ろを通り過ぎるように動かします。
- **保育者** うさちゃんも、あっという間に行ってしまいました。ねずみくんはまだちょっと不安です。

4

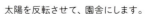

> おかしいな、誰もいないよ…

太陽を反転させて、園舎にします。
- 保育者　ねずみくんはようやく
　　　　　にこにこ園に着きました。でも…。
- ねずみくん　あれ…。おかしいな、誰もいないよ…。
- 保育者　ねずみくんは、とても心配になりました。

ねずみくんを机に置いた粘土に立てます。

5

- 保育者　不安そうなねずみくんが待っていると、
　　　　　そこへ…。

わんたくん（表）とうさちゃん（表）を、少し揺らしながら登場させます。

- わんたくん　ねずみくん！
- うさちゃん　待っていたよ！
- 保育者　わんたくんとうさちゃんが、
　　　　　ぴょんぴょんと元気いっぱいに
　　　　　やって来ました。

> ねずみくん！
> 待っていたよ！

6 わんたくんを反転させて(裏)にし、
粘土台の粘土(左)に立てます。

`わんたくん` よく来たね！にこにこ園は
絵本だっていっぱいあるし、
積み木やおもちゃもたーくさん。
とっても楽しい所だよ。

7

6と同様にうさちゃんも反転させて(裏)にし、
粘土台の粘土(右)に立てます。

`うさちゃん` お友達もいっぱい！
先生たちもとっても優しいのよ。

8 `わんたくん` さぁ、おいで！
`うさちゃん` いっしょに遊ぼう！
ねずみくんを反転させて(裏)にし、
粘土台の粘土(真ん中)に立てます。
`ねずみくん` うん！

33

9 粘土台の両端を持って、軽く揺らします。

保育者 それから3人で手をつないで、
うたって踊ってダンスダンス！
ねずみくんはすっかり楽しくなりました。

10

ねずみくん にこにこ園って、とっても楽しいね！
園舎を持って広げます。
わんたくん きょうからここは、きみの楽しい
にこにこ園だよ。
うさちゃん ようこそ、ようこそ！ これからも
よろしくね。

すぐに使えて便利！
コピー用型紙集

型紙 P.00

このマークが付いている作品の型紙です。コピーしてご利用ください。

─・─・─	山折り
───────	谷折り
▨▨▨	切り取る
▭▭▭	のりしろ
●━━━●	切り込み

《共通項目・文字》

そつえん
おめでとう

そつえん
おめでとう

そつえん
おめでとう

*お好みの大きさに拡大して使用してください。

35

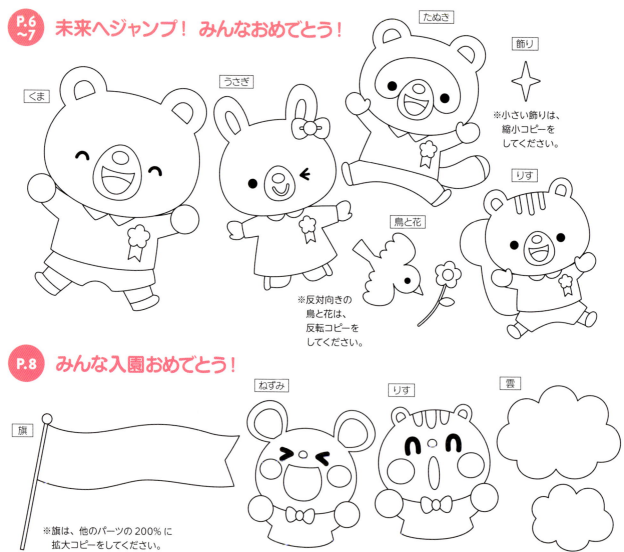

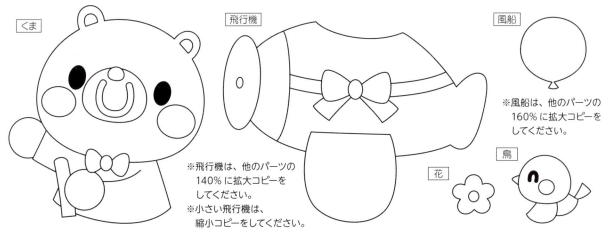

P.9 風船に乗って大空へ

37

会場飾り

P.10 ボリューム満点キラキラアーチ

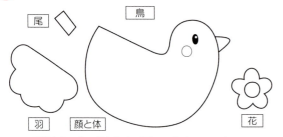

※反対向きの鳥の顔と体は、反転コピーをしてください。

P.11 花かごの入口飾り

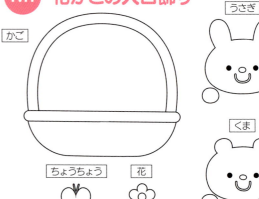

P.11 ゆらゆら入口飾り

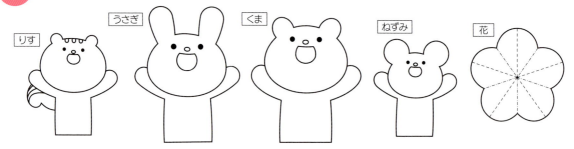

P.12 カラフルお花畑！

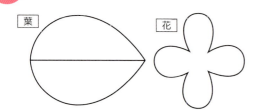

P.12 お花とちょうちょのライン飾り

※小さい花は、縮小コピーをしてください。

P.13 パステルカラーのフラワーハウス

屋根　ハート　星　ダイヤ　花

花

葉

家の壁

P.13 ことりがさえずる花車

鳥①

鳥②

車輪

保育室の壁面

P.14 七色の虹を越えて未来へ

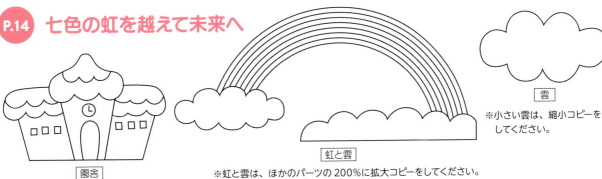

園舎　虹と雲　雲

※小さい雲は、縮小コピーをしてください。

※虹と雲は、ほかのパーツの200％に拡大コピーをしてください。

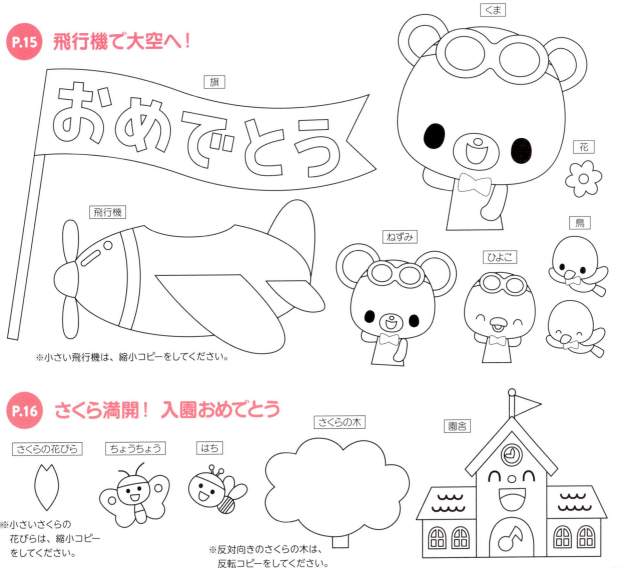

P.17 さくらが咲いたね 入園おめでとう！

※反対向きのさくらの木は、反転コピーをしてください。

※反対向きの草は、反転コピーをしてください。

メダル・カード・プログラム・記念グッズ・アクセサリー

P.18 スケルトンフラワーメダル

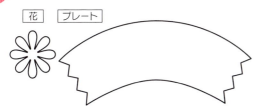

P.19 くまさんメダル

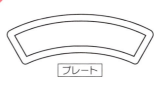

P.20 お花とリボンのおめでとうカード

穴を開ける

P.20 レースペーパーのことりカード

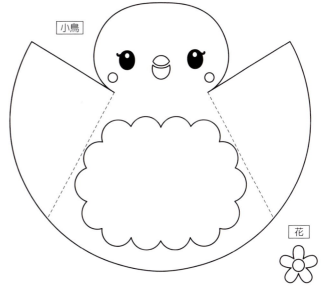

P.21 リボン付きくまさんカード

P.22 チューリップのプログラム

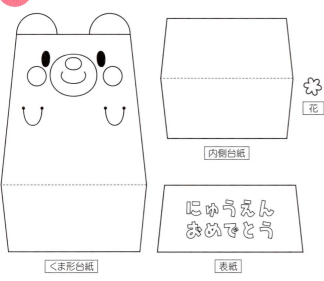

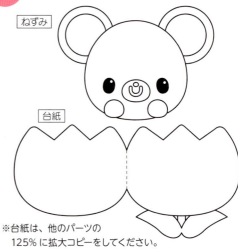

※台紙は、他のパーツの125%に拡大コピーをしてください。

P.21 2色のお花カード

P.25 ランドセルの小物入れ

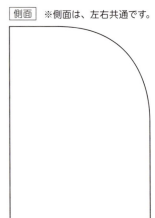

※側面は、左右共通です。

P.23 うさぎのポップアッププログラム

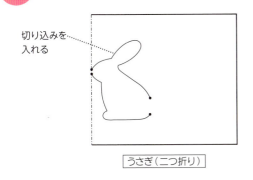

P.26 シックなフラワーネックレス

※花は、2枚コピーをしてください。

P.23 園舎のプログラム

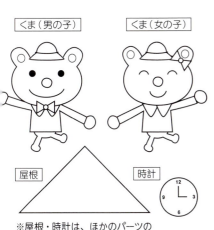

※屋根・時計は、ほかのパーツの200%に拡大コピーをしてください。

※台紙は、ほかのパーツの200%に拡大コピーをしてください。
※二つ折りにし、片方は屋根形に切る。

45

P.30〜34 にこにこ園へようこそ

貼り合わせる

ねずみくん

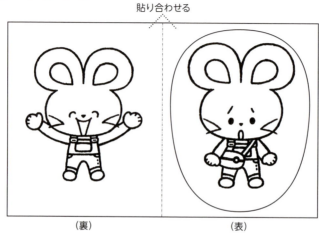

（裏）　　　（表）

貼り合わせる

わんたくん

（裏）　　　（表）

46

貼り合わせる

うさちゃん

(裏)　　(表)

太陽と園舎（表）

太陽と園舎（裏）

粘土台　切り込みを入れる　切り込みを入れる　切り込みを入れる

案・製作

あかまあきこ、イシグロフミカ、浦田利江、おおしだいちこ、尾田芳子、菊地清美、くまだまり、坂本直子、さとうゆか、すぎやままさこ、＊すまいるママ＊、たちのけいこ、つかさみほ、長谷川真理子、ピンクパールプランニング、町田里美、宮地明子、メイプル、もりあみこ、やのちひろ、山口みつ子、YUU、ユカリンゴ

カバー・本文デザイン ／	坂野由香、石橋奈巳（株式会社リナリマ）	**型紙トレース** ／	奏クリエイト、プレーンワークス
もくじイラスト ／	たかしまよーこ		
イラスト ／	ヤマハチ	**本文校正** ／	有限会社くすのき舎
作り方イラスト・折り図 ／	河合美穂、みつき、八十田美也子	**編集協力** ／	東條美香
シアターモデル ／	池田裕子	**編集** ／	石山哲郎
キッズモデル協力 ／	有限会社クレヨン		
撮影 ／	林 均		
撮影協力 ／	仲町幼稚園（東京）、明照幼稚園（東京）		

Pot ブックス mini　行事アイデアぽけっと
ぴかぴか卒園＆入園
2019年12月　初版第1刷発行

編　者／ポット編集部　©CHILD HONSHA CO.,LTD.2019
発行人／村野芳雄
編集人／西岡育子
発行所／株式会社チャイルド本社
　　　　〒112-8512　東京都文京区小石川 5-24-21
電話／03-3813-2141（営業）　03-3813-9445（編集）
振替／00100-4-38410
印刷・製本／共同印刷株式会社
ISBN978-4-8054-0290-0
NDC376　17×19cm　48P　Printed in Japan

製本上の針金にご注意ください。
乱丁本・落丁本はお取り替えいたします。
本書の内容の一部あるいは全部を無断で複写複製することは、法律で認められた場合を除き、著作権者及び出版社の権利の侵害となりますので、その場合は予め小社宛て許諾を求めてください。

チャイルド本社のホームページアドレス
https://www.childbook.co.jp/
チャイルドブックや保育図書の情報が盛りだくさん。
どうぞご利用ください。

本書の型紙を含むページをコピーして頒布・販売すること、及びインターネット上で公開することは、著作権者及び出版社の権利の侵害となりますので、固くお断りします。